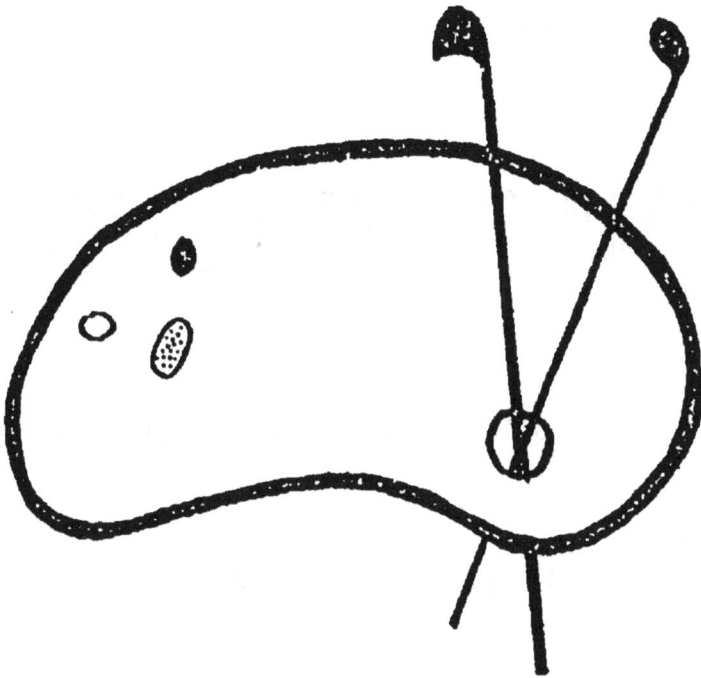

COUVERTURE SUPERIEURE ET INFERIEURE
EN COULEUR

LA MORT

EST LE

PORTIQUE DE LA VIE!!!

DERNIER ET SUPRÊME

DÉFI JETÉ AU MATÉRIALISME

PAR

Raoul DE CAMERU

—

NEUVIÈME ÉDITION

—

PRIX : 2 francs

~~~

Propriété de l'Auteur

~~~

ANGERS

IMPRIMERIE LACHÈSE ET DOLBEAU

13, Chaussée Saint-Pierre, 13

LA MORT

EST LE

PORTIQUE DE LA VIE!!!

DERNIER ET SUPRÊME

DÉFI JETÉ AU MATÉRIALISME

PAR

Raoul DE CAMERU

NEUVIÈME ÉDITION

PRIX : 2 francs

~~~~~

Propriété de l'Auteur

~~~~~

ANGERS

IMPRIMERIE LACHÈSE ET DOLBEAU

13, Chaussée Saint-Pierre, 13

—

1879

AVANT-PROPOS

———

Les lignes qui composent cet humble ouvrage représentent un labeur assidu de douze années.

Elles ne sont donc point l'expression d'une opinion personnelle préconçue, ou puisée dans les principes de l'éducation première; car mon esprit altier et insoumis n'a voulu accepter le bénéfice de la foi, qu'après lui avoir reconnu pour base la raison la plus saine, la logique la plus serrée; et si ma conviction, aujourd'hui, est ferme, entière et inébranlable, c'est qu'elle a été réfléchie, analysée et approfondie jusqu'au mystère.

Pour parvenir à ce but, et afin de répondre victorieusement aussi aux objections insidieuses des grands-prêtres de la *Négation*, j'ai, pendant plusieurs années, étudié avec passion l'anatomie et la médecine.

Et après avoir disséqué l'Être, moralement et physiquement, j'ai reconnu l'extrême magnificence, comme aussi la simplicité grandiose du mécanisme humain.

C'est pourquoi je viens, sans forfanterie comme sans fatuité, jeter le gant au matérialisme et saper, sans retour, la base de son édifice misérable, par le moyen d'une argumentation nouvelle, aussi simple que concise, et qui défie toute réfutation sérieuse; car chacune des propositions qui la composent a pour assises une logique sévère, impérieuse et inflexible, et est en outre accompagnée d'une comparaison sensible qui permet à tout esprit tant soit peu cultivé d'en reconnaître la puissance, et d'acquérir ainsi la clef des mystères de notre organisation.

Aussi, est-ce donc avec une entière confiance que je fais un appel sincère à l'appréciation franche et loyale des hommes vraiment intelligents.

LA MORT

EST LE

PORTIQUE DE LA VIE!!!

DERNIER ET SUPRÈME

DÉFI JETÉ AU MATÉRIALISME

Toute forme s'en va; rien ne périt; les choses
Sont comme un sable mou, sous le reflet des causes.
La matière, mobile, en proie au changement,
Dans l'espace infini flotte éternellement.
La mort est un sommeil où, par des lois profondes,
L'Etre jaillit plus beau du milieu des deux mondes :
Tout monte ainsi; tout marche vers un but mystérieux :
Et ce néant d'un jour qui s'étale à nos yeux,
N'est que la chrysalide aux invisibles trames,
D'où jailliront demain et les ailes et les âmes!!!
(Louis Bouilhet.)

I

Preuves de l'existence de l'âme.

Tristement courbé sous le lourd fardeau d'une destinée douloureuse et inexorable, abreuvé de larmes et d'amertume durant le court trajet qui sépare son berceau de sa tombe, l'homme n'avait, pour consolation suprême ici-bas, que l'espérance d'une existence à venir où une harmonie divine, régnant pour jamais en souveraine, lui assurerait un bonheur immense et sans fin.

Un scepticisme stupide et grossier, enfanté par la sottise ou l'ignorance, est venu sans pitié lui ravir son unique joie, ne lui laissant, dans son aridité glaciale, que le chaos pour passé et le néant pour avenir.

Placé entre ces deux abîmes, l'homme, saisi de vertige, devait nécessairement marcher à pas de géant vers une décrépitude morale, qui aura pour dernier terme un cataclysme effroyable, et dont la première et terrible manifestation a été le libre essor d'un égoïsme immonde, qui, écartant brutalement tout ce qui était susceptible d'apporter obstacle à son entier épanouissement, a brisé sans remords les liens sacrés de la famille, de l'amour et de l'amitié; convertissant ainsi la société en une vaste arène, dans laquelle des bêtes fauves se guettent d'un œil farouche, pour se mordre et s'entre-déchirer.

Tel est le fruit splendide et savoureux du siècle que l'on est convenu d'appeler le *Lumineux par excellence.*

Voilà l'œuvre de ces hommes auxquels la mul-

titude, aveugle et incompétente, décerne si béné-
volement le titre de savants et de génies, et que
leur prétendu mérite n'empêche point de produire
chaque jour des théories qui déshonorent la
science, ébranlent la base de l'édifice social et
mettent à nu de la manière la plus pitoyable le
triste revers de l'orgueil humain.

Honte éternelle soit à eux!!! comme aussi (et
surtout) à MM. les disciples d'Esculape, que leur
étude spéciale des mystères de l'organisation
humaine eût dû constituer apologistes ardents du
spiritualisme; et qui, tout à l'encontre, méprisant
les principes et maximes de leurs illustres maîtres
et devanciers, se sont déclarés hautement et sans
vergogne les apôtres fervents du matérialisme,
c'est-à-dire, du système le plus nul, le plus ridicule et le plus illogique qu'il ait été donné au cerveau humain d'élucubrer en une heure d'abrutis-
sement.

Et que l'amertume de ces lignes ne me fasse
point taxer de pessimisme, ni d'exagération dans
les termes, car, dédaignant le faisceau d'armes
offensives que pourrait me fournir le domaine de
l'abstraction, je me contenterai de citer trois propositions que leur extrême simplicité met à la por-

tée de la généralité des esprits, et qui seules suf-
fisent pour démontrer d'une manière péremptoire
le vide, le néant et la profonde aberration des doc-
trines matérialistes.

PREMIÈRE PROPOSITION.

L'inertie étant l'apanage de la matière, tout corps
mis en mouvement suppose nécessairement un
moteur.

Qui dit *moteur*, dit agent actif : de même que
tout corps mû est naturellement passif.

Donc, deux extrêmes.

Or, les extrêmes peuvent être intimement unis,
mais non confondus, par cette raison fort simple
qu'ils sont complétement opposés comme nature,
comme essence et comme propriété.

DEUXIÈME PROPOSITION.

S'il n'existait point d'âme, c'est-à-dire une
substance distincte de la matière, le mouvement
ne serait plus une conséquence de la vie, mais
bien la vie elle-même.

Alors, plus de mouvement, plus de vie.

' Ce qui signifie que, dans ce cas, l'homme serait une machine organisée et montée de façon à se mouvoir pendant un laps de temps déterminé, et comme telle, aurait pour condition impérieuse d'existence un mouvement constant et perpétuel ; car tout arrêt et tout repos deviendraient nécessairement mortels, le corps ne possédant point en soi un principe indépendant, susceptible de lui donner une nouvelle impulsion *(phénomène qui nécessite l'opération intérieure d'une puissance active et indépendante).*

TROISIÈME PROPOSITION.

La mort, quelle que soit la cause qui la détermine, quelque effrayants que puissent être les symptômes qui l'accompagnent, n'est rien autre que le retour de la matière à son inertie et à son insensibilité premières, par suite de la cessation de la circulation du sang ; phénomène ayant pour cause : *la décomposition de ce liquide, son refroidissement ou un trouble complet dans l'harmonie des organes chargés de lui imprimer le mouvement circulatoire.*

Ainsi donc : que vous foudroyiez un homme

par l'acide prussique; que vous l'exposiez nu a
un froid sibérien; ou encore, que vous lui plon-
giez un poignard dans le cœur; vous n'aurez ob-
tenu, par ces moyens si différents, qu'un résultat
identique, qui est la cessation de la circulation du
sang, produite, dans le premier cas, par *décomposition; dans le second, par congélation, et dans
le troisième, par perturbation dans l'organe
chargé de présider à la circulation.*

D'où il résulte que s'il n'y a point d'âme, il
nous faut admettre, avec les matérialistes, que, le
sang étant au corps ce qu'est la sève à l'arbre,
c'est-à-dire l'unique source de vitalité et le seul
moyen d'action, il est donc bien réellement aussi
l'unique principe de la vie; proposition inepte,
monstrueuse et paradoxale, que réduit pour jamais à néant ce simple argument, savoir : *que
tout moyen d'action est intermédiaire et que, tout
intermédiaire n'est autre qu'un trait d'union
entre deux êtres ou deux choses.*

Donc il y a une âme!!!

Mais, si puissants qu'ils soient par leur simplicité même, ces arguments (ainsi que nombre
d'autres) ne peuvent opposer une barrière sérieuse

aux progrès du scepticisme, ce dernier trouvant une source féconde et intarissable dans cette croyance erronée aussi vieille que le monde *(mais qui, pardonnable à ses premiers âges, est indigne de notre fameux siècle de progrès),* savoir : que le cerveau est le siége de l'intelligence.

En effet, de cette conviction pitoyable, qui ne saurait résister à une étude sérieuse et approfondie, tant elle est opposée aux lois de la logique la plus primitive, et qui cependant aujourd'hui n'est point seulement particulière aux masses ignorantes, mais est encore l'apanage de gens éclairés et de savants; de cette conviction, dis-je, naissent naturellement les conséquences suivantes :

1° *L'intelligence résidant au cerveau, on est en droit de croire que tout être qui agit avec harmonie possède l'intelligence; et que la seule différence qui existe entre l'homme et l'animal, est que le premier, grâce à la structure de son cerveau, en possède quelques degrés de plus que le second.*

2° *Cette même intelligence étant soumise aux lois de progression et de décadence, comme susceptible aussi d'atrophie, soit par défaut d'orga-*

nisation, par accident, par maladie, ou encore
par longévité, elle n'est ainsi réellement que le
simple résultat d'un jeu d'organes, et consé-
quemment il n'y a pas plus d'âme chez l'homme
que chez l'animal.

Conclusions justes et rationnelles, eu égard à
leur point de départ, et qui, jointes aux fausses
déductions que l'on a tirées de la science phrénologique, fournissent à l'incrédulité des armes
sérieuses, et un aliment constant, qui rendent
nuls tous les discours, maximes, théories, et dis-
sertations des hommes les plus respectables et
les plus éminents, que l'on est arrivé à considérer
comme des individus obéissant à des facultés qui
leur sont propres ou remplissant un mandat sa-
larié.

Il est donc d'une importance extrême de détruire
pour jamais cette base de toutes les utopies matérialistes, et de faire briller à tous les regards l'é-
clatant flambeau de la vérité.

C'est aussi pourquoi, malgré les sourires de dédain qui pourront accueillir une affirmation qui,
de prime abord, semble paradoxale, j'ose dire sans
crainte : *Non! le cerveau n'est point le siége de*
l'intelligence, ni même son point de départ; il

n'est qu'un moyen de communication et un simple mode d'appréciation, et, si la différence que j'émets entre ces deux phénomènes semble bien subtile aux esprits légers et superficiels, l'argumentation suivante, dépouillée de toute phraséologie et mise à la portée du plus grand nombre des esprits, leur fera voir clairement l'abîme qui sépare l'intelligence et le mode d'appréciation.

II

De la Vie et des Forces qui en dérivent.

La vie est un principe absolu, dont l'essence
mystérieuse prend, ici-bas, les noms sacrés de
*Jéhovah, Grand-Esprit, Être suprême, Dieu,
Cause première, etc., etc.*, et dont la puissance
et la majesté sans égales, ne peuvent être expri-
mées que par ces mots divins, mystérieux et terribles : *Ego sum qui sum.*

De ce principe fécond naissent deux forces distinctes : *la force consciente, ou force essentielle, et la force harmonique ou force consé-*

quente, dont l'union avec la matière constitue l'échelle des êtres ici-bas, par le moyen de trois phénomènes :

1° *La forme qui crée l'individualité par l'isolement;*

2° *Le mouvement et l'action qui sont la manifestation impérieuse de toute puissance active;*

3° *La sensation sans laquelle ces phénomènes seraient nuls, puisque c'est en elle que résident la vie matérielle et les moyens de communication entre les êtres.*

Ces deux forces, eu égard à leur qualité de moteurs des corps, portent le nom expressif d'âme, du mot latin *animare,* qui signifie donner le mouvement.

Elles se servent des formes dont elles sont revêtues et les font agir par le moyen de deux appareils, dont l'un préside à la locomotion, et l'autre à la sensation, ainsi qu'il sera démontré dans le chapitre suivant.

III

Nature de ces deux Forces, leur distinction, leurs attributs, leur fin.

La Force consciente diffère essentiellement de la Force harmonique par une faculté spéciale qui élargit sa sphère d'activité, lui ouvre pour l'avenir un horizon sans limites, et creuse entre elle et sa sœur un abîme infranchissable.

Cette faculté se nomme *Intelligence ou Senti-ment réfléchi.*

De cette puissance particulière naît la pensée qui a pour résultat :

1° De procurer à la Force consciente une source

de vie en dehors de la matière, c'est-à-dire de la vie organique;

2° De la rendre digne de son nom, en lui donnant la conscience de son être, l'appréciation de son moi, qui lui crée une individualité indépendante, dont découlent naturellement aussi la liberté d'action et la perfectibilité, ou en d'autres termes, le pouvoir de varier, polir, changer, modifier à l'infini *ses sentiments, ses conceptions et ses œuvres.*

On la nomme encore *Force essentielle,* parce qu'elle est réellement une essence active et féconde, une substance simple et conséquemment immatérielle que l'Ecriture appelle *Ame vivante,* en raison de ce qu'elle possède (non par soi, mais en soi) une raison d'être qui est le principe et l'aliment éternel de son existence immortelle.

La Force harmonique (ainsi que l'indique suffisamment son nom) a pour unique but de faire agir avec harmonie les corps qu'elle anime, et par suite toute sa puissance d'activité est limitée à la matière.

Elle n'est point perfectible, parce qu'elle n'a

pas plus conscience de son être que de ses actes;
ce qui signifie qu'elle ne possède pas le plus in-
fime degré d'intelligence, et qu'en conséquence
aussi, elle n'a aucune raison d'être en dehors de
la vie matérielle ou organique.

C'est pour ce motif, que tous les êtres qu'elle
constitue ne peuvent s'écarter en aucun cas de la
voie qui leur a été tracée, ni sortir de la sphère
qui leur a été attribuée; *ce qui veut dire :* que, de
même qu'un pommier rapporte toujours des
pommes, un figuier des figues, une vigne du
raisin, de même aussi tous les individus de chaque
espèce animale accomplissent les actes propres et
particuliers à cette espèce; et cela sans empiète-
ment, augmentation, diminution, ni modification
possibles; obéissant simplement à la force intérieure qui les dirige, mais dont ils ne possèdent
point la source, et qu'ils ne peuvent conséquemment altérer ni modifier.

La Force harmonique est à la Force consciente
ce qu'est un rayon de lumière à un foyer lumineux; et, comme il est d'une importance première
de bien saisir la différence qui existe entre les
deux, puisque c'est elle qui doit nous donner la

clef des mystères de notre être, que l'on me permette une humble mais juste comparaison :

Supposez deux appartements renfermant des
merveilles de peinture, de sculpture et d'architec-
ture ; l'un éclairé par un rayon de soleil, l'autre
par un brillant flambeau.

Si je vous demande alors quel est, à votre avis,
le mieux partagé en lumière, vous me répondrez
immédiatement et sans hésitation aucune que c'est
celui que baigne la lumière solaire ; et en cela
vous serez dans une erreur profonde, par la raison
suivante dont je vous établis juge.

Ainsi, il est très-vrai que, la puissance lumineuse de l'astre du jour étant infiniment plus
grande que celle du flambeau en question, les
couleurs accusées par lui seront plus vives, les
tons plus chauds, les reliefs plus vigoureux, les
formes mieux déterminées ; mais tous ces effets de
la lumière demeureront invariables et sans modification possible de votre part, parce que, ne possédant point la source de leur vitalité, vous ne
pourrez avoir sur elle aucune influence susceptible
d'en modifier l'action, non plus que les résultats ;
tandis que, bien que le flambeau possède un
rayonnement moins riche et moins étendu, il n'en

est pas moins l'humble image de l'astre radieux,
c'est-à-dire, un foyer lumineux, une source de
lumière, en un mot, une puissance active dont
vous pouvez disposer à votre gré, et diriger le
rayonnement de façon à en varier les jeux et les
effets.

La Force harmonique est encore appelée force
conséquente, parce que, de même que le rayonnement n'est que la conséquence d'un foyer, de
même aussi elle n'est que le résultat de l'action et
de la fécondité incessantes de cette force toute
puissante, de ce foyer suprême que l'on nomme
vie, et ne possède en elle-même qu'une vitalité
d'emprunt et toute relative; tandis que la Force
consciente étant l'image de cette même force
suprême, renferme aussi en soi une même raison
d'être et une même activité.

Ces deux forces sont donc ici-bas les principes
constitutifs des êtres, qui ne sont eux-mêmes
que les divers degrés de l'échelle qui sépare deux
extrêmes :

La vie ou esprit, qui est lumière, puissance,
force, harmonie et immutabilité;

La matière, qui n'a pour apanage que ténèbres, inertie, impuissance, mobilité et chaos.

La gradation de cette échelle n'est point marquée par des tons brusques et choquants, mais bien par des nuances douces, insensibles et sans solution de continuité.

IV

Manifestations de la vie.

La première manifestation de la vie ici-bas (*due à la Force harmonique*) a été le végétal, c'est-à-dire, la forme simple, variée à l'infini, comme beauté, comme puissance et comme fruit, et dont la progression ascendante a pour couronnement une humble plante appelée Sensitive, que l'extrême délicatesse de son organisation semble douer de sensation, c'est-à-dire, d'une faculté propre à l'être animé et qui, quoique cela, se trouve encore séparée du degré supérieur de la vie par les Zoophites, êtres complexes qui, tenant tout à la fois du végétal et de l'animalité, servent de chaînon entre les deux.

La seconde manifestation de la Force harmonique a été la Forme libre, ou détachée du sol, douée de mouvement, et organisée de façon à pouvoir subvenir aux besoins de son être par le moyen d'un appareil sensitif appelé *Cerveau,* qui lui procure aussi une existence relative, ou, autrement dit, entièrement dépendante des êtres et objets susceptibles de lui causer une impression quelconque. Cette forme, à laquelle on a donné le nom d'*Animal,* comprend une immense variété d'individus, qui, indépendamment des distinctions physiques qui existent entre eux, diffèrent essentiellement par les actes, qui sont à l'être animé ce qu'est le fruit à la plante, c'est-à-dire, le résultat de l'action intérieure d'un principe qui agit en dépit d'eux-mêmes et dont ils subissent passivement les effets.

Le Principe constitutif ou Moteur des Êtres animés ne reconnaît pour mobile de ses actes que deux phénomènes qui sont l'*Attraction et la Répulsion (dont les lois secrètes de l'affinité sont la source),* combinées avec les tendances et appétits particuliers à chacun des individus (tendances et appétits dont le cerveau est le siége, ainsi que la suite le démontrera).

Aussi, de la diversité dans la constitution de cet organe, résulte l'échelle progressive des opérations que les esprits étroits se sont ridiculement complu à attribuer à l'intelligence, faute d'approfondir la valeur, les attributs et les œuvres de cette dernière; tandis qu'en réalité le degré le plus élevé des actes animaux, celui qui, en un mot, semble toucher à l'œuvre intellectuelle, n'est autre que le produit naturel de la force harmonique parvenu à son apogée de perfection et qui sera toujours à l'enfantement de l'intelligence ce qu'est à la splendeur de la lumière *l'éclat factice d'une matière chauffée à blanc, c'est-à-dire, pénétrée par l'essence du feu, et qui, comme telle, brille, mais ne rayonne pas.*

Au reste, pour couper court à toute discussion à cet égard, il est bon de savoir que nul acte organique *(quel qu'il soit),* chez l'homme, comme chez l'animal, n'a pour premier mobile l'opération intellectuelle; mais bien purement et simplement le sentiment brut, intuitif ou inconscient, que l'on nomme *Instinct* chez l'animal, et qui concourt à un but d'harmonie générale, aussi bien que le sentiment réfléchi que l'on nomme Intelligence, par cette raison fort simple que l'esprit de vie et l'esprit d'intelligence qui les engendrent émanent tous deux d'une même source infiniment intelligente ; *et la différence qui existe entre eux* est que ce dernier possède la liberté d'action renfermée dans la valeur même de ce mot *Intelligere*, qui n'a jamais voulu dire agir, mais bien comprendre ou apprécier. Or, l'intelligence, *succédant* au sentiment intuitif qui détermine l'acte (*ou, pour mieux exprimer la vérité, n'étant que ce sentiment lui-même réfléchi et éclairé par l'esprit de lumière*), donne naturellement à l'être qui la possède, la faculté singulière de pouvoir accomplir l'acte déterminé ou d'y renoncer *(faculté qui constitue ce que l'on nomme avec vérité le libre arbitre.)*

La Vie a couronné son œuvre ici-bas par la création de l'homme, c'est-à-dire, de l'être qui tient tout à la fois de la matière et de l'esprit, et conséquemment jouit des avantages de la vie libre et réelle, *qui appartient à la pensée et à l'intel-*

ligence, tout en se trouvant soumis aussi aux impérieuses exigences de la vie relative et dépendante, conditions particulières qui en font *le chaînon intermédiaire entre les êtres spirituels et la matière animée.*

Aussi, sa création a-t-elle exigé une opération particulière ; car la vertu de la Force harmonique *(qui n'est que l'expression de la Force suprême)* ne dépassant point l'animation de la matière, il a fallu, pour constituer l'Être intelligent et libre, l'œuvre même de la Force infiniment intelligente ou Principe de la Vie, dont naquit alors la Force consciente, son image.

D'où il suit : que la plante, l'animal et l'homme, ne sont que les manifestations sensibles et graduées de la vie.

Les deux premières, produites par une même force, n'ont d'autre individualité que la forme, et donnent des fruits bruts ou inconscients.

La troisième, possédant une individualité intérieure et extérieure, produit des fruits intelligents

D'où il résulte encore qu'il n'y a point lieu de s'étonner si entre l'homme et le singe on trouve une certaine ressemblance :

1° D'abord, parce que la similitude des formes

entraîne nécessairement la conformité des mouvements et des actes *(et conformité qui, bien que toute simple, toute naturelle et très-limitée, étant singulièrement exagérée par l'esprit humain, devient d'autant plus frappante, qu'il lui suppose une source qu'elle ne peut posséder)*;

2° Parce que le singe occupant dans l'échelle des êtres le degré le plus élevé après l'homme, lui touche de si près *(matériellement parlant)* qu'il sert de chaînon intermédiaire entre lui et les autres créatures animées.

Mais, d'un autre côté, on a le droit de trouver fort étrange que les hommes sérieux, comme ont la prétention de l'être MM. Darwin et Cⁱᵉ, se donnent autant de mal pour chercher à démontrer ce que nul n'ignore ni ne pense à contester, savoir : que l'homme n'est qu'un animal perfectionné.

En effet, si on remonte à l'être rudimentaire, on voit que le point de départ, ou premier échelon sensible de la vie organique, n'est autre que le ver de terre, c'est-à-dire, un tube digestif doué de mouvement contractile. Or, la création ayant suivi une marche ascendante, c'est-à-dire, une progression de l'imparfait vers l'extrême parfait, il est donc facile à comprendre que l'homme, ou être matériel parfait, n'est rien autre qu'un animal perfectionné *(bien que, comme tous les autres, son espèce soit invariable, attendu que les hybrides ne font pas souche);* et cette vérité, que MM. Darwin et Cie ont tant à cœur de mettre en relief, n'affecte en quoi que ce soit la dignité humaine et n'empêche point l'édifice ridicule élevé sur ces fondements de s'écrouler au souffle puissant de cette autre vérité, savoir : *Que la forme n'est qu'accidentelle; et que la seule, unique et réelle différence qui existe entre les êtres, gît simplement dans le principe qui les anime et les constitue.*

GRADATION ACCENTUÉE DES ÊTRES.

La plante assimile, croît et produit.

L'animal assimile, croît, produit, ressent et agit.

L'homme assimile, croît, produit, ressent, apprécie et agit.

Telle est, dans toute sa simplicité vraie, la chaîne progressive des êtres ici-bas.

V

L'Ame a-t-elle un siège particulier, et quel est-il?

Telle est la grave et importante question à laquelle nous allons répondre de la manière la plus concise et la plus catégorique, bien qu'après avoir été une source féconde de discussions brulantes et stériles, elle soit finalement déclarée insoluble.

Les philosophes de l'antiquité, ne possédant que des notions vagues et confuses touchant la nature de l'être, et ne pouvant se rendre un compte satisfaisant des phénomènes si variés qui lui sont

propres, s'étaient partagés en deux sectes principales :

L'une admettait la pluralité des âmes :

L'autre en reconnaissait l'unité, mais prétendait
la localiser au cerveau, en raison de ce qu'elle lui
supposait ici-bas des fonctions exclusivement spi-
rituelles, et par ce même motif refusait nécessairement une âme à l'animal.

Or, ces deux propositions étaient également
erronées :

La première, par cette raison que la pluralité
des âmes détruit l'unité de l'être, sans laquelle
il n'y a pas d'existence individuelle possible, car,
le sentiment naissant de la sensation et l'intelligence n'étant autre que le sentiment lui-même
éclairé ou réfléchi, pour qu'il y ait sentiment et
intelligence, il faut donc nécessairement que tous
les phénomènes vitaux se rapportent à une unité
et en émanent.

La seconde proposition était complétement nulle
pour trois motifs péremptoires :

1° Parce que l'intelligence, étant une lumière
immuable, n'est soumise ni à la progression ni à
la décadence; et en conséquence, si elle avait eu

le cerveau pour siège, elle jouirait de sa plénitude chez l'enfant naissant, de même que chez le centenaire;

2° Parce que l'intelligence procède de l'âme dont elle est une vertu, mais ne constitue point l'âme elle-même; l'ange seul est une pure intelligence : l'âme humaine est une essence mixte dont la nature ne peut être exprimée d'une manière satisfaisante que par le terme de Force consciente et, comme telle, a pour premier but d'animer le corps auquel elle est unie, c'est-à-dire de lui donner mouvement et sentiment;

3° Enfin, parce que l'âme, étant le principe constitutif de l'être et de la forme par lui revêtue, le remplit tout entier et ne peut donc être localisée dans un organe.

Mais, de même que toute force appliquée à un mécanisme possède un ressort principal au moyen duquel elle met en branle toute la machine; de même aussi l'âme devait nécessairement avoir un centre d'opération et d'activité : c'est-à-dire un organe particulièrement soumis à son influence directe, et cet organe ne pouvait être que ce grand ressort du mécanisme humain que l'on nomme le cœur, ainsi que le démontre le simple raisonnement suivant sur lequel nous appelons toute l'attention :

La vie relative ou organique comprend deux phénomènes principaux qui sont *le mouvement et la sensation,* et qui ont eux-mêmes pour éléments d'activité deux organes que l'on nomme *cœur et cerveau, plus un agent actif déjà cité, qui est le sang.*

Le cœur est une pompe aspirante et refoulante ayant pour but de déterminer dans le sang ce mouvement de va et vient que l'on appelle circulation.

Le cerveau est le siège des sensations et le point où aboutissent tous les nerfs et les muscles; il a pour objet de recevoir le sang que lui envoie le cœur, d'en extraire la partie la plus subtile, connue sous le nom de fluide vital, et, enfin, d'en opérer la distribution entre tous les nerfs et les muscles, de façon à leur communiquer cette activité et cette sensibilité qui constituent la vie animale.

D'où il suit : que tout mouvement et toute sensation, étant les conséquences naturelles de la circulation, se trouvent ainsi subordonnés à l'action du cœur et que par suite, cet organe est donc bien le grand ressort du mécanisme et *le Promoteur de la vie organique.*

Ceci posé, il n'est point besoin d'être logicien émérite, pour comprendre alors que l'âme, étant *le principe même du mouvement et de l'animation,* devait *nécessairement (je dirai même indispensablement)* être en communication directe, en rapport intime avec l'organe chargé de déterminer le mouvement et la sensation et de servir ainsi à la manifestation de sa puissance et de son activité *(vérité, au reste, que le chapitre suivant va achever de mettre en lumière).*

VI

Mystères du Cerveau et du Cœur.

Le Cerveau est une substance blanchâtre, assez molle pour recevoir toutes les impressions, et cependant assez consistante pour lui permettre de les conserver.

Tous les nerfs y aboutissant, il en résulte que chaque objet qui en détermine la vibration y laisse aussitôt son empreinte gravée plus ou moins profondément, selon la nature et la force de la sensation.

De la sensation ou *vibration des cordes ner-*

veuses naît alors le sentiment, c'est-à-dire une conception instantanée et instinctive *(ou irréfléchie)* de l'âme qui, obéissant toujours à un principe unique, qui est l'amour de soi, porte l'être qu'elle anime à accomplir un acte en rapport avec le besoin de la situation, et détermine ainsi un ensemble de mouvements et d'actes destinés à composer individuellement et collectivement un tout harmonieux.

En dehors de cette source matérielle appelée sensation, le sentiment reconnaît encore deux mobiles qui sont : *la Réminiscence ou Évocation du Passé; la Conception intuitive, c'est-à-dire purement intelligente et dépouillée de tout secours extérieur.*

La Sensation étant donc le premier mobile du sentiment, et tous les êtres animés étant susceptibles de percevoir les mêmes sensations générales, il en fût résulté une entière uniformité de sentiments, d'actes et de jugements, c'est-à-dire, une monotonie insipide, qui eût rendu toute société impossible, si l'Intelligence suprême n'y avait remédié en combattant l'effet de la sensation

par une faculté du cerveau qui, modifiant le sentiment déterminé par la perception extérieure,
donne ainsi naissance à la variété dont découle
l'harmonie.

Pour parvenir à ce résultat, le cerveau a été
divisé en plusieurs parties appelées *Lobes,* dont
chacun est le siège particulier d'une de ces facultés organiques ou mécaniques connues sous le
nom de *Tendances,* et dont la puissance est pro-
portionnelle au développement des Lobes qui en
sont le siège.

Or, la tendance, étant constamment stimulée
par l'afflux du sang au cerveau, annule ou tout
au moins affaiblit beaucoup l'effet des sensations
extérieures qui ne tendent pas à un but identique,
et l'âme, éprouvant ainsi une attraction secrète et
incessante vers un même point du cerveau, finit
par y concentrer toute sa puissance de vitalité,
d'où résulte le trait distinctif et caractéristique
d'une race ou d'un individu.

Rarement deux tendances jouissent d'une puissance égale; mais lorsque ce phénomène se produit, il donne lieu à une indécision et même à

une lutte intérieure qui, pour un instant, entrave la détermination, et à laquelle met fin une sensation nouvelle chez l'animal, la perception et le raisonnement chez l'homme.

Le plus ou moins de développement des Lobes se manifeste quelquefois extérieurement par des protubérances et anfractuosités, dont l'étude spéciale a servi d'assise à la *Science Phrénologique*, qui, au point de vue positif, possède réellement une certaine valeur; mais dont les déductions suivantes, qui ont amené la négation du libre arbitre et même de l'âme, sont absolument nulles, ainsi qu'il va être démontré.

Déductions phrénologiques.

L'homme naissant avec des tendances déterminées se trouve donc esclave de son organisation, et ne peut en conséquence être rendu responsable de ses actes.

D'où il suit aussi naturellement, que là où il y a irresponsabilité, il ne peut y avoir ni vice ni vertu.

RÉPONSE.

Deux arguments, d'une extrême simplicité, réduisent à néant ces deux propositions.

PREMIER ARGUMENT.

Le Cerveau étant reconnu, à l'unanimité, susceptible de modification, soit par l'éducation première, le milieu dans lequel on vit, soit encore et surtout par l'action de la volonté, on est donc forcé de reconnaître qu'il est soumis à l'influence de cette dernière, et que, dès lors, la liberté d'action n'est pas une chimère.

DEUXIÈME ARGUMENT.

Le second argument, encore plus péremptoire, est renfermé dans l'analyse même de ce phénomène appelé *Tendance*.

En effet, qu'est-ce qu'une Tendance?

On appelle ainsi la propension naturelle de l'être vers un but déterminé.

Moralement, elle est négative en elle-même;

ce qui, en d'autres termes, signifie que, quelle qu'elle soit, elle n'est qu'une faculté propre à l'organisation de l'individu, qui la subit donc passivement.

Elle a pour but *(ainsi qu'il a été dit)* l'harmonie du grand œuvre de la création, dont la loi des contrastes est la base.

Mais elle change de nature et devient *Défaut (c'est-à-dire répréhensible)* là où commence à poindre le plus humble rayon de lumière spirituelle, ou autrement dit, d'intelligence, qui, permettant à l'être qui le possède d'établir une différence entre les diverses tendances qui lui sont propres et d'analyser le but qu'elles se proposent, le met aussi à même de faire un choix entre elles.

Surexcitée par l'imagination, elle devient *Passion;* et la Passion satisfaite par tous les moyens que fournit l'intelligence prend alors le nom de *Vice.*

En résumé, le Défaut n'est autre qu'un manque d'application de la volonté à la répression d'une

Tendance que l'on sait être en contradiction avec une loi donnée.

Il résulte de la faiblesse ou de l'habitude.

Le Vice, tout à l'encontre du Défaut, est une *révolte ouverte et avouée;* car il exige l'application de toute la puissance de l'esprit à la satisfaction de cette même Tendance, que l'on sait être en contradiction avec une loi donnée : et, dès lors que l'être peut faire converger tous les rayons de sa volonté vers la satisfaction, il le peut également vers la répression.

Donc il y a bien réellement liberté d'action.

Il est indispensable d'ajouter ici que les Tendances physiques ou organiques *seules existent,* ce qui veut dire que l'on peut naître *patient ou irascible, franc ou sournois, doux ou cruel, simple ou rusé, loquace ou taciturne, actif ou paresseux, etc., etc.,* mais non avec le penchant au vol; attendu que, la propriété n'étant que conventionnelle, que deviendraient le vol et la tendance qui y porte, si demain la propriété venait à être annulée?

On peut devenir voleur incorrigible par habi-

tude invétérée; mais en général, le vol n'a pour
mobile que la nécessité, ou la satisfaction de divers
appétits.

On doit en dire autant de *l'empoisonnement et
de l'assassinat*, qui ne sont que des moyens vio-
lents suggérés par l'intelligence pour parvenir à
une fin égoïste, ou pour obéir à une méchanceté
et une férocité naturelles, que le fauve, qui n'a
d'autres armes que celles fournies par la nature,
satisfait en déchirant sa victime.

Qu'elle soit innée, ou déterminée par l'habitude,
toute tendance devient passion impérieuse par un
exercice fréquent de ses ressorts ; car, de même
que, dans le travail manuel, le sang se porte
naturellement vers les membres qui déploient le
plus d'activité et leur permet ainsi d'acquérir une
plus grande vigueur au détriment des organes
voisins, de même la vibration répétée de telle ou
telle corde, a pour résultat de faire affluer le sang
au Lobe qui y correspond, et de le nourrir plus
abondamment ; ce qui, en outre, rendant ces
mêmes cordes plus susceptibles de vibration,
augmente encore les difficultés de la lutte contre

la Tendance qu'elles servent, et qui, ayant atteint toute sa puissance de développement, devient alors ce que l'on nomme avec vérité *une seconde nature.*

Au reste, il est bien facile à comprendre que l'habitude puisse procurer à la Tendance une force susceptible d'annihiler la volonté, puisque l'âme, ayant pour but principal d'animer le corps et de lui procurer la plus grande somme de ces jouissances, qu'elle considère comme constituant le bonheur ici-bas (et dont elle prend la plus large part), se sent ainsi toujours portée à accorder au Cerveau, qui est le siège de toutes ces jouissances, le concours qu'elle peut lui fournir par la puissance de la pensée et de l'imaginative ; et, comme elle ne possède pour armes défensives que la raison qui lui indique la voie, et l'intelligence qui lui rappelle la loi, tandis qu'elle a pour ennemis toujours actifs, toujours ardents, toujours impitoyables, les Tendances et les sensations extérieures qui les sollicitent, elle ne peut donc espérer les vaincre qu'en les étouffant dès leur naissance. Et, quelque développée que soit une Tendance, on peut au début s'opposer à son épanouissement et en paralyser les effets, en lui refusant le concours de la pensée, qui en est la floraison.

De cet exposé il résulte : que la vertu et le vice ne sont ni des Tendances, ni des facultés apportées par l'être en naissant (car le mal n'existe point à l'état latent), mais doivent être considérés comme les fruits d'un même principe, dont l'extrême opposition provient uniquement de l'application différente qui en est faite par la volonté et l'intelligence.

Ce principe invariable est l'*Amour,* qui engendre l'idée fixe dont la direction seule détermine la nature du produit.

Ainsi, l'Amour de soi, qui est une anomalie de la part de la créature imparfaite, entraîne l'idée fixe de la satisfaction impérieuse de tous ses désirs et de toutes ses volontés, dont l'accomplissement prend alors le nom de Vice.

L'Amour appliqué à Dieu engendre l'abnégation de soi-même et a pour objectif la Perfection relative, qui se nomme ici-bas Vertu.

Ceci posé, nous arrivons à la démonstration

simple et rigoureuse de cette vérité fondamentale exposée au premier chapitre, savoir :

Que le Cerveau n'est point le siège de l'intelligence ni même son point de départ; mais bien seulement un moyen de communication et un mode d'appréciation.

———————

VII

De la pensée, son origine, son épanouissement, sa fin.

Toute sensation étant accompagnée de l'empreinte de son objet au Cerveau, il en résulte une succession infinie d'images, classées de façon à pouvoir apparaître à un appel du désir ou de la volonté, et à se grouper au besoin pour figurer un tableau quelconque.

Ces images composent ce qu'on peut appeler avec vérité le *Monde du Cerveau*, c'est-à-dire, un ensemble trompeur, mensonger et superficiel dont l'enchaînement et la coordination accidentels

4

ou volontaires ont toujours été considérés comme constituant l'intelligence (croyance pitoyable et malheureuse qui a entraîné tant de nobles cœurs dans la voie du Scepticisme).

Et cependant, ce simple phénomène cérébral soumis à toutes les vicissitudes, variations et altérations particulières à la faiblesse de l'organisation humaine, est si éloigné de toucher en quoi que ce soit à cette puissance merveilleuse que l'on nomme intelligence, qu'il serait pour l'être une cause de ruine morale et physique, si ses erreurs, ses préjugés et ses aberrations, n'étaient constamment redressés par cette intelligence même avec laquelle on le confond, et qui est l'expression de ce monde véritable du cœur, dont la source, l'aliment et la vie, sont des vérités immuables, des principes éternels, dont procède cette force singulière que l'on appelle *Volonté*.

Au reste, la seule définition du sentiment et de la pensée suffit pour déchirer le voile qui recouvre ces phénomènes.

Bien que la sensation soit *(comme on l'a vu)*

la première source du sentiment, il ne suit pas de
là que toute sensation doive déterminer un sentiment quelconque.

Pour qu'elle obtienne ce résultat, il faut qu'elle
offre quelque attrait en elle-même, ou qu'elle
éveille un des appétits de l'individu. Dans le cas
contraire, elle est nulle et ne provoque que l'in-
différence.

Mais, quand elle parvient à produire une impression dans l'âme, celle-ci conçoit aussitôt d'une
manière instinctive; ce qui signifie qu'elle se sent
impérieusement portée à accomplir un acte qui
répond toujours au besoin de la situation; car il
a pour base l'amour égoïste, qui, bien qu'inconscient, n'en a pas moins pour but la conservation
de l'individu et la satisfaction de ses intérêts et
de ses caprices.

Ce phénomène instinctif est commun à l'homme
comme à l'animal, et ce dernier, n'ayant point
d'autre guide, y obéit simplement et agit ainsi
selon les lois de l'harmonie naturelle.

Il n'en est pas de même pour l'âme humaine;
car, une sensation étant perçue par elle, elle use
aussitôt de la puissance particulière qui lui est
propre, c'est-à-dire qu'elle concentre toute son

activité sur l'objet de cette sensation ; puis, é
quant les images qui s'y rattachent et en déco
lent, elle les enchaîne, les compare et anal
ainsi la cause et la fin du sentiment qu'ell
conçu.

Cette analyse constitue le phénomène de
pensée, qui, comme on le voit sans peine, n'
rien autre que le *complément ou l'épanouissem*
du sentiment par l'action analytique de l'int
ligence, et le jugement infaillible qui, en dépit
l'âme elle-même, ressort de cette analyse, est
fruit de l'activité des principes, qui, comme n
l'avons dit, sont la force, l'aliment et la sou
de l'intelligence.

L'ensemble d'activité de ces principes se nom
Conscience.

Nous devons encore ajouter que la puissa
du sentiment né de la sensation est toujours p
portionnelle à la force et à la nature de la sens
tion qui l'a déterminé ; mais que, par une facu
qui est la conséquence naturelle de la pensée,
que l'on nomme *Imagination (synonyme d'inv*
tion ou d'amplification), l'âme humaine peut

cupler la valeur de la sensation et de son objet, et conséquemment fortifier ou raviver le sentiment qui en est résulté.

La puissance d'évocation de l'âme a pris ici-bas le nom d'*Esprit*.

D'où il suit donc que la dose d'esprit allouée à chacun est relative à l'étendue de cette puissance, qui elle-même est entièrement dépendante de la susceptibilité plus ou moins prononcée du système nerveux, ou, autrement dit, de ce qu'on appelle en terme médical *Impressionnabilité du sujet ;* et cela par cette raison fort simple, que plus les cordes de l'instrument sont délicates, plus elles sont susceptibles de vibration, et comme chacune (1) d'elles correspond à un objet ou à son image, il en résulte une succession plus rapide et une empreinte plus vive des figures, que l'âme peut alors évoquer plus facilement et en plus grand nombre et vivifier par l'imaginative, jusqu'au point de reproduire les mêmes phénomènes physiologiques déterminés par la sensation elle-même, si antérieure qu'elle puisse être.

(1) C'est-à-dire chacune des vibrations.

C'est en raison de ces phénomènes nerveux et cérébraux que les petits-fils d'Hippocrate, confondant comme toujours, l'effet avec la cause, c'est-à-dire, l'esprit avec l'intelligence, ont fait du système nerveux le *Deus ex machinâ* de l'organisme humain, lui attribuant tous les jeux de la vie et de l'intelligence et ne comprenant point que les nerfs ne sont que les cordes de l'instrument dont le cerveau est le clavier, et que leur vibration n'a de valeur qu'autant que l'intelligence y applique sa puissance vivifiante et en apprécie la nature, la distinction et le but.

La puissance d'évocation de l'âme (ou esprit) étant donc dépendante du système nerveux, on ne sera plus en droit de venir nous dire avec ironie : *Comment pourrions-nous croire à une intelligence libre et indépendante, quand nous la voyons subir l'influence évidente de certaines maladies qui rendent l'individu morose, mélancolique, bizarre et altèrent ses facultés ?*

En effet, rien de plus simple que ce phénomène !

Toute maladie, quelle qu'elle soit, entraîne nécessairement une souffrance ou un malaise quelconque. Or, si peu prononcés qu'ils puissent être, il en résulte toujours une vibration sourde et douloureuse des cordes nerveuses ; et, comme chaque sensation (qu'elle provienne de l'intérieur ou de l'extérieur) détermine dans l'âme un sentiment analogue à sa nature, il s'ensuit que l'âme, subissant le contre-coup de cet état de souffrance, se sent portée à évoquer des images en rapport avec la situation pénible dont elle est affectée, images qui sont, dans ce cas, généralement inconscientes ; car les maladies nerveuses altèrent les facultés, par cette raison péremptoire qu'elles ont presque toujours leur siége au cerveau, ou tout au moins déterminent un certain trouble et une faiblesse singulière de cet organe (1).

De cet exposé succinct, il ressort :

1° Que le Cerveau, étant uniquement chargé de recevoir les sensations, et de conserver les empreintes de leurs objets, de façon à permettre à l'âme de les évoquer au besoin, afin de statuer sur ses opérations et déterminer ses jugements,

(1) L'intelligence est donc complétement indépendante de ce phénomène qui ne touche absolument qu'à la puissance d'évocation appelée esprit.

n'est donc bien qu'un simple moyen de communication et un mode d'appréciation; ou, en d'autres termes, que son rôle se borne simplement à stimuler cette analyse qui constitue la pensée, et à lui imprimer une direction.

2° Que la pensée succédant au sentiment, qui, nous le répétons, *est le premier et véritable mobile de tout acte,* celui-ci est donc suffisant pour déterminer l'acte harmonieux, et que, pour agir avec harmonie, il n'y a nul besoin de savoir pourquoi on agit.

Exemple.

Soumettez à de mauvais traitements un homme et un animal également irascibles, il en résultera chez l'un et l'autre un sentiment de haine et de colère qui, *chez les êtres doux et craintifs, aurait pour résultats la crainte et la fuite,* mais qui portera les premiers à se venger, c'est-à-dire, à donner d'une manière quelconque satisfaction à leurs intérêts personnels froissés par vous.

En conséquence, l'animal, n'ayant pour guide que le sentiment qui l'anime et dont il n'est point maître de changer la nature, obéira aveuglément à cette force impérieuse et inconsciente et satisfera ainsi ses penchants naturels ; tandis que l'homme, influencé par la lumière de la pensée (ou analyse de son sentiment), pourra le modifier et le concentrer. D'où il suit donc que l'intelligence, au lieu de l'aider à agir, aura servi à paralyser le mobile de l'impulsion qu'il avait reçue, ou, autrement dit, de l'acte qu'il devait accomplir.

En résumé donc :

Entre le Cœur et le Cerveau, il y a l'abîme qui sépare deux mondes extrêmes.

Au Cerveau, comme chef du corps, appartient la cause déterminante ou impulsive ;

Au Cœur, la force qui la juge et la modifie ;

Au Cerveau, tout ce qui est convention, c'est-à-dire, superficiel et mensonger ;

Au Cœur, les sentiments vrais.

C'est avec le Cœur que l'on aime et que l'on hait, que l'on souffre et que l'on se réjouit. C'est au Cœur que réside la volonté ; et c'est ce qui explique comment un être doux et faible de caractère peut, étant sous l'impression d'un sentiment puissant, tel que l'amour, la reconnaissance, le dévouement, etc., déployer une énergie qui étonne tous ceux qui en sont témoins.

C'est au Cœur, enfin, qu'afflue et fermente cette source de vie réelle qui ne doit jamais s'éteindre et que l'on nomme Intelligence, mot qui signifie Force, Lumière et Activité.

Et, comme il pourrait se rencontrer quelques esprits lents et hargneux ou difficiles, qui, malgré la logique simple et serrée de ce qui précède, ne seraient peut-être point suffisamment convaincus, nous allons ajouter un dernier argument que nous défions qui que ce soit de réfuter.

Un homme doué de facultés naturelles très-brillantes naît dans une classe obscure de la société et ne reçoit aucune instruction.

Malgré cela, son âme, stimulée par les sensations extérieures et sollicitée par une organisation exceptionnelle, enfante des merveilles qu'elle a soif de manifester; mais, malgré l'ardeur de ses désirs et les efforts de sa volonté, elle ne peut y parvenir à cause de son ignorance des termes d'expression.

Or, ici il n'y a ni sophismes, ni arguties possibles.

Si l'intelligence avait son siège au Cerveau, cet organe servirait donc tout à la fois à la conception et à l'expression ; et dans ce cas, *comme l'expression n'est que la conception elle-même manifestée et rendue sensible,* les mêmes éléments servant nécessairement de base aux deux phénomènes, on ne pourrait concevoir que ce que l'on pourrait exprimer, ou, en d'autres termes, *Conception et Expression seraient une seule et même chose.*

Mais ces deux phénomènes étant au contraire entièrement opposés et indépendants l'un de l'autre, on est donc forcé de reconnaître qu'ils ne proviennent pas d'une même source, et que, de même que nous venons de l'expliquer nettement, le cerveau n'est qu'un instrument chargé de recevoir et de conserver les figures et les termes conventionnels, qui, évoqués par la volonté, permettent à l'âme de communiquer et faire jaillir au dehors les fruits de son activité et de sa fécondité intérieures.

En traçant à grands traits cet humble ouvrage, nous avons eu pour but de faire briller à tous les

regards l'éclatant flambeau de la vérité, en met-
tant à la portée de la généralité des intelligences
des questions qui, jusqu'à ce jour, n'étaient acces-
sibles qu'à un nombre singulièrement limité, eu
égard à leur abstraction, leur aridité, et surtout à
la manière dont elles étaient présentées.

Mais, bien que nous ayons évité avec soin toute
prolixité, afin de ne point fatiguer les esprits, et
que, dans ce but, nous ayons simplement résumé
des questions, dont une analyse spéciale (*non
indispensable pour se former une conviction*)
fournirait la matière de plusieurs volumes, nous
croyons devoir compléter notre démonstration par
une comparaison sensible, destinée à rendre
plus lucides les phénomènes relatifs au rôle du
Cerveau et du Cœur, et à détruire ainsi les
derniers doutes en répondant à toutes les objections.

VIII

Terme de comparaison.

Supposez un nombre infini de lampes dont les flammes également pures, brillantes et alimentées par un fluide invisible et intarissable, viennent chacune épanouir leurs rayons à un sommet nommé réflecteur.

Ces réflecteurs, composés de même matière et exactement semblables quant à la forme générale, sont intérieurement et uniformément divisés par des linéaments délicats, en petits compartiments colorés de toutes nuances, et la seule différence qui existe entre eux, c'est que les tons de la gamme des couleurs s'y trouvent variés à l'infini, de façon que chaque réflecteur puisse se distinguer des autres par une ou plusieurs nuances particulières et dominantes.

Ils sont alors confiés à un seul et même artiste chargé d'en revêtir les fonds diversement colorés d'images à peu près identiques, en ayant soin toutefois que chacune d'elles prenne la couleur du fond qui doit la recevoir, afin de lui permettre, tout en conservant son relief, de se fondre en lui.

Ces dispositions étant prises, il en résulte alors que, bien que les réflecteurs soient uniformes, les images identiques et les flammes également puissantes, les jeux de leurs rayonnements respectifs produisent des effets différents, ou. en d'autres termes, que les empreintes et les figures n'offrent point le même relief ni le même aspect, eu égard à la variété des couleurs qui leur servent de cadres et de fonds.

Ceci posé, si vous voulez encore supposer à ces flammes le pouvoir de concentrer à leur gré leur rayonnement sur tel ou tel point du réflecteur, vous aurez alors une idée assez juste du rôle de l'âme à l'égard du cerveau, et vous comprendrez

aussi naturellement les simples phénomènes suivants qui en découlent, savoir :

1° Que tant que l'harmonie de ces couleurs et
de ces images ne sera point troublée, l'activité de
la lumière leur donnera relief et vitalité.

2° Mais que si ces couleurs et ces images,
altérées par la main du temps ou par un accident
quelconque, viennent à se confondre ou à s'effacer,
le rayonnement de la lumière, n'ayant plus d'objectif, demeurera sans effet harmonieux, bien que
possédant toujours la même activité, la même
fécondité et la même puissance : en un mot, que
la lumière sera entièrement libre et indépendante
de tous ces phénomènes particuliers à ses effets et
à ses jeux, mais qui sont complétement étrangers
à son essence.

Rapports du terme de comparaison avec son objet.

Le cerveau humain est bien réellement le réflecteur dont nous venons de parler : les compartiments qui y sont délicatement tracés sont désignés
sous le nom de *Lobes (ainsi qu'on l'a déjà vu)*,
et les couleurs variées qui en composent les fonds

ne sont autres que les tendances, qui sont à l'âme ce que sont les couleurs à la lumière ; car influant d'une façon singulière sur la manière dont l'âme envisage les sensations et les figures, que ce grand peintre que l'on nomme le monde vient imprimer sur leur fond préexistant, on peut donc bien dire, sans métaphore, que chacune des images et des sensations perçues emprunte au cerveau la teinte qui résulte de l'activité de ses tendances principales, phénomène dont découle cette immense variété dans les effets et appréciations de sensations, d'impressions et d'objets parfaitement identiques.

Explication des phénomènes particuliers au cerveau.

La masse du Cerveau de l'enfant en bas âge, n'ayant point encore assez de consistance pour conserver une profonde empreinte des sensations ou de leurs objets, ni assez de vigueur et d'élasticité pour en opérer le classement, il en résulte, *non, comme on le suppose niaisement, une faiblesse de l'intelligence, qui, nous le répétons, est*

' *une lumière immuable*, mais une puissance d'é-
vocation très-faible, et, par suite, un jugement à
peu près nul, puisque la nature et la pureté du
jugement dépendent de la puissance analytique de
l'évocation, comme aussi de la distinction tran-
chée et harmonieuse qui peut exister entre les
diverses tendances. C'est pourquoi on ne peut
jusqu'à un certain point, rendre l'enfant responsable de ses actes, car il obéit presque entièrement à ses tendances dominantes, ou instincts
naturels.

Chez l'adolescent, le Cerveau, ayant acquis sa
consistance et son développement, permet aux
tendances de déployer toute leur activité, et rend
aussi plus puissantes les sensations qui le sollicitent.

D'où il suit que l'âme, étant sous le coup de
l'influence continue de ces mêmes tendances, est
peu apte à juger sainement les choses, et doit
alors faire appel à toute sa puissance de volonté,
pour opposer une digue au torrent qui menace de
l'entraîner.

Arrivé à l'âge mûr, la scène change ; car, de

même que les couleurs et les dessins du réflecteur pâlissent avec le temps et perdent la vitalité
de leurs tons, de même aussi, la somme consi-
dérable de ces vibrations nerveuses, appelées
sensations, ayant émoussé la masse cérébrale et
épuisé sa sève, les tendances sont beaucoup moins
vives ; ce qui permet à l'âme d'envisager les
choses d'une manière différente et plus juste,
rend la puissance analytique de l'évocation plus
nette et plus vigoureuse, eu égard à l'affaiblisse-
ment des tendances, et, en un mot, donne à la
raison une indépendance qu'elle eût toujours dû
posséder et dont l'application faite alors à des
événements probables se nomme *Expérience*.

Enfin, quand le temps a confondu ou presque
entièrement effacé les dessins du réflecteur,
c'est-à-dire que la longévité, ayant déterminé
le ramollissement de la masse cérébrale, rend les
figures qui y sont gravées de moins en moins
nettes, et finit par les confondre; alors les termes
de comparaison devenant de plus en plus rares,
malgré l'évocation désespérée de la volonté, la
mémoire s'évanouit d'abord, puis l'évocation,
manquant d'éléments et d'enchaînement, devient

très-difficile ; et enfin, la pensée, ou analyse des figures (qui font faute), s'annihilant, l'être retombe dans son état primitif, c'est-à-dire en enfance.

Phénomènes de la plus grande simplicité, qui ne sont tous que les diverses phases d'accroissement, d'épanouissement et de décrépitude naturels à un instrument matériel, destiné à servir de but à l'activité et à la fécondité de cette flamme puissante appelée âme, et dont les fruits, qui servent à la manifestation du monde sensible, ne sont que des jeux divers de l'esprit de vie, dont la combinaison avec la matière organisée doit atteindre tel but et produire tel effet ; mais jeux et effets qui sont complétement étrangers à l'âme elle-même (c'est-à-dire qu'ils ne touchent en quoi que ce soit à sa nature, à sa puissance et à son essence libre et indépendante).

Depuis quand, au reste, un effet peut-il altérer la cause qui le produit ? ? ?

Comment une conséquence pourrait-elle influer et réagir sur le principe dont elle naît ? ? ?

N'y a-t-il pas toujours entre eux l'abîme qui sépare l'activité de l'inertie, la lumière des ténèbres et le néant de la vie ?

Et cependant, ce sont ces mêmes phénomènes
si simples qu'un écolier en saisirait le mécanisme
qui, de nos jours, à l'heure actuelle, donnent lieu
à ce que l'on peut nommer les Aneries de la
science, de la part d'individus occupant une jeunesse riche de cœur et d'intelligence, cette noble
et admirable science de la médecine, qui, de
même que le sacerdoce, investit d'un caractère
sacré l'homme qui lui consacre toutes ses facultés.

En effet, assistez aux cours de ces Messieurs
et vous les entendrez avancer avec un admirable
sang-froid, sinon même avec une certaine satisfaction orgueilleuse de leur fameuse perspicacité
qu'en comprimant telle ou telle partie du Cerveau
ils peuvent, à leur gré, détruire l'intelligence, qui
(ajoutent-ils) n'est donc bien évidemment qu'un
jeu d'organes, *assertion qui est un monstrueux
paradoxe et une inqualifiable ineptie.*

*Détruire l'intelligence qui n'est qu'un jeu
d'organes !!!!!* . . . .

Ainsi donc, l'intelligence, cette puissance merveilleuse et sans égale qui comble les abîmes

broie la matière et soumet jusqu'aux plus terribles éléments dont elle se joue, n'est rien autre que le résultat de la fermentation d'une poignée de boue blanchâtre, qu'une simple compression réduit à néant.

Ainsi encore, la matière, inerte, impuissante et asservie, engendre une force active et libre qui la domine et l'écrase.

Ainsi enfin, la matière qui n'est qu'aridité, ténèbres et chaos, donne naissance à une puissance qui lui est entièrement opposée, puisqu'elle est fécondité, harmonie et lumière.

Quelle antithèse et quelle contradiction ! ! !

Tels sont cependant les merveilleux principes au moyens desquels ces illustres maîtres faussent les esprits dont ils ont charge et responsabilité ; et principes que leurs malheureux disciples acceptent pour la plupart avec l'enthousiasme momentané et digne de pitié de la jeunesse, souriant à toute doctrine qui tend à laisser un libre essor à ses passions tumultueuses, et qui, plus tard, entrant dans cette arène sanglante que l'on nomme société, avec un cœur vide et glacé, fermé à la foi comme à l'espérance, se trouvent meurtris au premier choc, succombent à la première épreuve, au moindre désenchantement, et vont souvent, avec un blasphème et une malédiction, aboutir à ce gouffre sans fond que l'on nomme le suicide.

Ah! de telles anomalies prouvent plus que jamais cette vérité, savoir : que les extrêmes se touchent, et qu'un siècle de progrès n'est pas éloigné du chaos et de la décrépitude; car ce que l'on nomme progrès ici-bas, n'embrassant que le confort et le bien-être matériel, oblige l'homme à vivre terre à terre et le matérialise insensiblement; de façon que toutes les puissances de son âme ne dépassant plus le cercle restreint qui l'environne et seul éveille son intérêt, il arrive un jour à pénétrer tous les ressorts grossiers de la matière, mais à oublier et à méconnaître sa dignité première; il découvre la vapeur et l'électricité qui réunissent les mondes; mais il nie l'existence de l'âme, ce qui sépare pour jamais la créature de son Dieu.

Enfin, faisons trève à ces tristes réflexions, et terminons notre œuvre par une démonstration comparative de la différence essentielle qui existe, comme nature et comme fin, entre l'âme humaine et l'âme animale ; puis nous y ajouterons une analyse relative à quelques phénomènes importants de la vie morale et organique, dont la confusion fournit de nouveaux aliments au doute et à l'incrédulité.

Ainsi que nous l'avons déjà dit, l'âme humaine peut être assimilée à une flamme alimentée par un fluide intarissable, dont elle offre au reste les principaux phénomènes ; ce qui veut dire que, de même que toute flamme possède deux propriétés distinctes, savoir :

1° Le dégagement de calorique, ou communication de la chaleur qui est la vertu du feu ;

2° Le rayonnement qui est la lumière ; de même aussi l'âme humaine possède deux raisons d'être, qui sont :

1° L'animation de la matière, ou communication de cette vertu renfermée en elle, qui est la vie ;

2° L'intelligence, qui est le rayonnement de sa fécondité intérieure, dont la pensée est l'expression, et au moyen de laquelle elle appartient à un monde distinct et indépendant du cercle matériel. Aussi, quand les liens qui l'unissent au corps se trouvent brisés, sa puissance et son activité n'ayant plus d'objectif matériel, elle entre en possession de la plénitude de la vie active et réelle, qui est la vie intellectuelle, paralysée ici-bas par l'action impérieuse et trompeuse de ce voile que nous appelons Cerveau, aidé des sensations dont il est le siège.

L'âme animale est exactement semblable à l'essence du feu qui pénètre la matière, l'embrase et lui donne bien l'éclat et le brillant particuliers à tout ce qui émane du feu, mais ne saurait lui procurer le rayonnement : *ce qui signifie* que la force harmonique ou Esprit de vie, s'étant emparé d'un corps, l'anime, s'identifie avec lui et par sa puissance lumineuse le guide, mais ne peut l'éclairer.

Aussi, par la même raison que, la matière étant consumée ou refroidie, la cause et l'effet cessent simultanément, de même aussi l'esprit de vie, séparé du corps qu'il anime, n'a plus aucune raison d'être, puisqu'il est privé de l'intelligence ou rayonnement, seule faculté ou vertu qui, en dehors de la vie organique, permette l'activité qui est la vie.

*Que l'on se pénètre bien de cette vérité fonda-
mentale, savoir : qu'un principe (1) seul étant
fécond par lui-même, seul aussi possède une
indépendance réelle, puisqu'il vit de lui-même
par sa propre fécondité, et qu'il peut en outre
communiquer sa vertu, sans rien perdre de sa
puissance et de son activité;*

*Tandis que toute vertu de principe, n'ayant
par elle-même aucune activité et ne possédant
que celle renfermée dans le principe dont elle
émane, a besoin d'un objectif pour appliquer la
vitalité qui lui est donnée, et opérer un phénomène quelconque.*

La plante, l'animal et l'homme sont donc un
même produit perfectionné et transformé.

Tous trois sont soumis aux mêmes phénomènes
principaux de la vie organique, qui sont : *l'Assi-
milation, la Croissance, la Reproduction et la
Mort.*

La plante, étant le premier degré de la vie dans
toute sa simplicité, *assimile, croît, reproduit et
meurt.*

L'animal, occupant un échelon supérieur, joint

(1) Ou cause première.

à ces phénomènes *le Mouvement, la Sensation et le Sentiment.*

Enfin, l'homme, en sa qualité de chef-d'œuvre de la création matérielle, y ajoute la connaissance du pourquoi de ces choses et leur application à un but : *puissance particulière et divine qui le couronne roi de la création, et qui (je ne saurais trop le répéter) constitue seule la vie réelle; le reste n'étant que jeux et effets de l'esprit de vie uni à la matière, et qui, en sa qualité de force active, mais inconsciente, constitue un être animé, mais non un être vivant : car on ne peut appeler vivant celui qui n'a point conscience de son être, mais le subit passivement.*

Terminons enfin par une analyse détaillée des phénomènes curieux que l'on désigne sous les noms de Désir et Volonté, Amour brutal et Amour vrai, Folie, Rêve, Cauchemar, et enfin Mémoire; et nous croirons alors avoir rempli notre tâche, c'est-à-dire, ouvert à tout esprit sain, loyal, et tant soit peu intelligent, un nouvel horizon lumineux, et l'avoir revêtu pour jamais d'une armure à l'épreuve des traits venimeux, mais sans vigueur, du scepticisme et de l'incrédulité.

DÉSIR ET VOLONTÉ.

Le Désir est une attraction plus ou moins vive, ayant pour but la satisfaction d'un appétit de l'individu, qu'il entraîne alors impérieusement vers un but déterminé.

Toute attraction est inconsciente, parce qu'elle est le résultat d'un besoin, d'une sensation, et dans tous les cas l'obéissance aux lois secrètes des affinités que nul ne peut pénétrer (1).

Elle a le Cerveau pour siège et point de départ. La volonté est bien ce même désir, cette même attraction; mais qui, réfléchis, éclairés et analysés, permettent à l'être d'apprécier le but qu'ils doivent atteindre, et, par suite, laissent l'âme libre d'appliquer toute sa puissance à les combattre ou à les satisfaire.

Cette puissance se nomme Volonté, naît de

(1) Il est bien entendu qu'il ne s'agit ici que des désirs de la chair animée, et non des affinités qui peuvent avoir lieu entre les esprits, et dont le siège est alors au cœur.

l'intelligence et a donc pour siège le centre d'activité et d'opération de l'âme, dont elle est le couronnement et la force (c'est-à-dire ce foyer que l'on nomme le cœur).

L'AMOUR BRUTAL ET L'AMOUR VRAI.

L'amour sensuel est une attraction puissante, ayant pour base la loi de reproduction et pour but la satisfaction d'un appétit brutal auquel l'animal obéit simplement (*et en général à des époques déterminées.*)

Chez l'homme, cet appétit, augmenté de toute la puissance de l'imagination, a pour cadre des images voluptueuses, érotiques et obscènes, qui déterminent une vibration plus ou moins prononcée de la masse cérébrale, ébranlent ainsi tout l'être, annihilent, pour un instant, l'action de la raison et de l'intelligence (ou Volonté), et donnent alors naissance à cette passion furieuse, effrénée et, chez certaines natures, poussée jusqu'à la frénésie, que l'on nomme la *Luxure.*

Et tous ces phénomènes grossiers, ces sensations animales, apanage exclusif du Cerveau, salissent, souillent, déshonorent ce mot sublime et divin : *Amour.*

L'amour proprement dit est une affinité impérieuse et indivisible qui attire deux âmes; il a pour base fondamentale l'estime et le respect de l'être aimé qu'il idéalise, et si, plus tard, il parvient aux mêmes fins, c'est-à-dire à l'union des corps, il a un point de départ qui purifie et sanctifie ce dernier phénomène, qui en est le couronnement et la conséquence naturelle de la dualité des natures chez l'homme, puisqu'il est chair et esprit, et que toutes les facultés intellectuelles de l'âme se trouvent reflétées par cette même chair, ou simulées et reproduites par le jeu des rouages et des ressorts de son mécanisme grossier.

L'amour venant du Cerveau est une Folie qui entraîne souvent à la dégradation, et quelquefois au suicide.

L'amour du Cœur est un feu divin qui ennoblit et vivifie toujours.

RÊVE ET CAUCHEMAR.

Le Rêve est un phénomène commun à l'homme et à l'animal; il consiste dans une succession, fréquemment interrompue, d'images ayant causé une vive impression au Cerveau, et qui, se trouvant mises en relief par l'afflux du sang ou de certaines vapeurs, donnent lieu à des cris, des soubresauts, ou tout autre manifestation extérieure chez l'animal, et à des paroles incohérentes chez l'homme, *l'âme étant alors, par la distention momentanée du cerveau, privée de sa puissance analytique d'évocation.*

Le Cauchemar appartient à l'homme seul et diffère du rêve en ce qu'il est le résultat d'un afflux trop abondant de vapeurs qui, provenant d'un malaise intérieur, d'une entrave apportée à la circulation, ou encore d'une indisposition secrète, détermine de la part de l'âme une évocation inconsciente de figures analogues au malaise subi par l'individu, évocation qui alors, ne pouvant être enchaînée, analysée, en un mot, éclairée par l'action de la volonté lumineuse, ou intelligence, donne lieu à un assemblage monstrueux d'objets

grossis par la surexcitation de l'organe cérébral,
et qui (de même que dans le délire causé par une
fièvre quelconque), perdant leur valeur réelle,
faute d'appréciation, aboutissent à une crise douloureuse et à des manifestations extérieures non
équivoques. Mais, dans l'un et l'autre cas, ces
phénomènes sont encore l'apanage exclusif du
Cerveau.

DE LA FOLIE

Parmi tous les phénomènes organiques qui ont
le don particulier d'étonner l'ignorance et de raviver d'une façon singulière sa stupide incrédulité,
celui-ci a toujours occupé le premier rang, bien
que, comme nous allons le démontrer, il soit d'une
simplicité extrême.

En effet, la Folie n'est rien autre qu'un trouble
apporté dans l'harmonie de l'organe cérébral soit
par une lésion quelconque, soit par une surexcitation provenant de l'abus des alcools, d'un travail
mental exagéré, ou enfin de passions ardentes avi-
vées par l'imagination, telles que la luxure, l'ava-
rice, la soif de l'or, des honneurs, etc., passions
qui, ébranlant d'une manière particulière le sys-

tème nerveux, finissent par fausser les cordes de l'instrument, ou déterminer la monomanie (ou idée fixe), qui n'est que la conséquence naturelle d'un désir ardent de l'âme, qui finit par absorber toute sa puissance intellectuelle et imaginative, de façon à annihiler l'évocation d'images ou de figures autres que celles qui caressent son sentiment secret.

Ce phénomène reconnaît encore d'autres mobiles dont le détail (inutile au reste) nous entraînerait trop loin ; il nous suffit de savoir que, quels qu'ils soient, ils ne touchent en rien à l'intelligence et n'ont aucun rapport avec elle, mais bien seulement à la puissance d'évocation qui sert de base à l'expression de cette analyse que l'on nomme pensée.

En un mot, la folie est au Cerveau ce que serait au réflecteur qui nous a déjà servi de terme de comparaison, un coup de pinceau maladroit ou accidentel qui confondrait ou effacerait tout ou partie des couleurs et des images dont il est revêtu ; ce qui aurait pour résultat de rendre nuls les jeux et la vitalité de la lumière, mais, comme on le voit aussi, ne pourrait avoir aucune influence sur elle.

Or, l'âme n'ayant, comme nous l'avons dit à satiété, d'autre moyen d'expression de ses sentiments que les termes, images et figures imprimés au Cerveau, il est, certes, bien facile à comprendre que si la confusion règne parmi eux, l'enchaînement par la volonté ne pouvant plus avoir lieu, les expressions sont incohérentes, ou feront faute; et autre phénomène bien simple encore à remarquer et à expliquer, c'est que si le trouble n'est que partiel, le raisonnement sera très-juste quand il s'agira de traiter des questions dont les termes auront leur siége et leur empreinte dans la partie intacte; tandis que le contraire aura nécessairement lieu quand on abordera des sujets dont les figures appartiendront à la partie lésée.

Phénomènes donc qui tous sont le simple résultat du trouble existant dans l'organe destiné à servir de mode d'appréciation et de communication, mais dont se rit cette reine immortelle que l'on nomme intelligence.

DE LA MÉMOIRE.

Nous voici enfin arrivés à ce phénomène qui chaque jour donne lieu à tant de suppositions ridicules de la part d'individus de toutes classes et de toutes sphères touchant l'intelligence de l'animal.

Exemple. Il y a peu de temps encore, je surprenais le dialogue suivant, entre deux hommes d'âge mûr, et réputés pour leur sagesse et leur science.

— Vous connaissiez X...?

— Parfaitement! Pourquoi?

— Il vient d'être victime de la méchanceté et de la rancune de son magnifique cheval anglais Fleurwey.

— Bah! comment cela?

— Vous n'ignorez point que X .. avait un caractère très irascible, et que la moindre contrariété le rendait furieux.

Or, il y a six semaines environ, ayant fait seller l'animal en question, il entreprit une course dans la montagne. Arrivé près d'un fossé de médiocre largeur, il voulut le lui faire franchir; l'animal refusa; une lutte s'engagea entre eux, et finalement, ne pouvant obtenir ce qu'il désirait, X..., ivre de colère, le corrigea, paraît-il, d'une manière brutale, et piquant des deux, revint au logis, où un palefrenier s'empara du cheval et tout fut dit.

Cette scène n'avait laissé aucune trace dans l'esprit de X... qui, comme tous les gens très vifs, oublie facilement. Or donc, entrant hier dans la boxe de l'animal, il s'apprêtait à lui faire quelques caresses, quand tout à coup, cette bête devient furieuse, se jette sur lui avec rage, le mord, le piétine, tant et si bien, qu'avant qu'il eût été possible de lui porter le moindre secours, il avait le crâne broyé.

En présence d'un tel fait, que pensez-vous de l'audace de ceux qui viennent nous dire avec un grand sang-froid que l'animal ne possède ni mémoire ni intelligence ?

Six semaines s'étaient écoulées depuis la correction que lui avait infligée son maître. Il s'est vengé, donc il s'est souvenu, et s'il a de la mémoire, il possède donc aussi une certaine intelligence. . . . . , ...

On ne peut nier certainement qu'un siècle qui produit des logiciens de cette force soit un siècle de lumière et de progrès.

Hélas!!! trois fois hélas!!! A quoi donc servent la maturité de l'esprit, la science et l'expérience, si, sous la perruque blanchie du savant et du pédagogue, on retrouve toujours cette superficialité de l'écolier jouant aux billes ?

Non!!! l'animal ne possède ni mémoire ni intelligence, et voici dans toute sa simplicité le phénomène qui s'accomplit en pareille circonstance.

Nous avons vu que toute sensation se grave plus ou moins profondément au Cerveau, selon sa nature, et est accompagnée de l'empreinte de son objet. Puis encore, que le sentiment déterminé par la sensation, est relatif aux tendances dominantes de l'individu. Ce qui signifie que, s'il est d'un naturel doux et inoffensif, les sensations douloureuses détermineront la crainte et la fuite.

Que si, au contraire, il est enclin à la méchanceté et à l'irascibilité, il se sentira porté à se venger par les moyens dont la nature lui a laissé la libre disposition.

En conséquence, chaque fois que la cause ou l'objet de la sensation sera perçu par un des sens de l'animal : vue, ouïe ou odorat, le même sentiment de haine et de colère reprendra sa puissance et donnera lieu aux mêmes phénomènes déterminés par la première impression antérieure, et, dans ces actes, il n'y a ombre de mémoire ni d'opération intellectuelle, mais bien seulement réitération de sensation et des phénomènes qui en découlent.

Au reste, ainsi que nous l'avons déjà démontré, il en est de même pour l'homme; car, si le hasard le met inopinément en face d'un individu qui lui a fait du mal, il sent naître en lui, *selon sa nature,* un sentiment de crainte ou de colère qui le porte à accomplir les actes qui lui sont propres; la seule différence qui existe entre lui et l'animal, c'est qu'il sait pourquoi il les éprouve, et est le maître de les modifier. Mais il n'en est pas moins vrai que le premier mobile de la conduite qu'il doit tenir est la réitération d'une sensation antérieure (et le sentiment qui en résulte instantanément) *et non l'opération intellectuelle.*

CONCLUSION

———

La perception des sensations est donc simplement un phénomène organique *(ou mécanique);*
de même que les sentiments qui en naissent, ainsi
que les actes qui découlent de ces mêmes sentiments, sont des opérations purement instinctives,
c'est-à-dire *inconscientes.*

L'œuvre intellectuelle comprend :
1° La faculté que possède l'âme de se replier
sur elle-même pour analyser ses conceptions, ou
enfantements, et ses sentiments;

2° La puissance de distinction des choses, de
leurs propriétés, de leurs qualifications ;

3° Enfin encore, l'appréciation de leur valeur
réelle ou fictive, c'est-à-dire conventionnelle.

Exemple. La lecture est une opération essentiellement intellectuelle, parce que la seule sensation qui puisse affecter le Cerveau par l'intermédiaire de l'organe visuel, est celle de caractères

noirs se détachant sur un fond blanc, et caractères qui, n'ayant de valeur que pour l'esprit
d'intelligence, découlent donc bien irrécusablement d'un monde distinct, et indépendant du
monde matériel ou sensible, qui est le monde de
*la pensée, dont la source existe dans l'âme elle-
même, et dont la direction seule peut être in-
fluencée par l'action des sensations et de leurs
objets, qui composent le mode du Cerveau.*

Avant de clore ce chapitre, nous devons aussi
répondre en quelques mots, à une proposition for-
mulée dans toutes les classes de la société, et qui,
plus que toutes les autres, *eu égard à la croyance
qui s'y rattache,* prouve l'extrême étroitesse des
esprits en l'an de grâce 1879.

Ainsi, parle-t-on d'un animal quelconque, dont
l'instinct naturel, stimulé par une éducation spéciale, a pour fruits quelques actes banals
mille fois répétés, et dont toute la valeur réside dans
l'imagination, mais que l'on veut bien admirer
et mettre en relief à la façon des œufs de
la Fable, on ne manque pas de s'écrier : *En
vérité, à cet animal il ne manque que la parole !!!*

' Et l'accent de cette exclamation équivaut à dire ouvertement que la parole semble si peu de chose, qu'elle ne saurait établir une ligne de démarcation réelle entre l'homme et l'animal,

Quelle pitié!!!

Oui, à certains animaux, il ne manque que la parole, et elle leur fera toujours faute; car c'est elle qui creuse entre vous (hommes à cerveaux étroits), et l'animal (quelque instinct qu'il possède) un abîme infranchissable comme nature et comme fin.

Pour vous, la parole n'est qu'un peu d'air agité, un son vague, confus et indifférent, que la brise emporte, en un mot, un bruit facultatif à l'organisation humaine.

Pour nous, qui, par un labeur incessant, avons réussi à pénétrer quelque peu les mystères de cette science sublime que l'on nomme la science de l'Être, la seule qui dût intéresser l'homme ici-bas, parce que seule elle est digne de lui, et seule lui servira dans l'éternité; pour nous, dis-je, *la parole ne gît point dans une émission de voix.*

La parole est la manifestation de la pensée, la communication entre intelligences, la fécon-

dité merveilleuse de l'âme, et l'enfantement de sa puissance active ; en un mot, la parole est la source de l'immortalité.

Un muet la possède aussi bien que le plus loquace ; car elle est renfermée dans le moindre geste, le signe le plus léger, le regard le plus furtif, et enfin dans une simple contraction du visage, phénomènes qui tous peuvent foudroyer une créature aussi bien que le verbe le plus tonnant. Le Cerveau recueille les sons, et l'esprit les apprécie ; mais l'esprit d'intelligence n'a point besoin de sons pour comprendre, car tout est aliment pour sa puissance et sa fécondité.

Voilà les secrètes merveilles que renferme en réalité ce simple mot Parole, qui, je le répète, semble être l'objet du dédain des sots.

————

RÉSUMÉ

Toute force et toute puissance appartiennent à l'esprit d'intelligence.

Il n'existe point de force matérielle, il n'y a que des attractions et des applications de forces qui résultent des combinaisons de l'esprit.

Aussi, de même que toute force lui appartient, tout ce qui constitue la vie ici-bas est son apanage exclusif, tels : *richesses, honneurs, dignités, gloire, beauté, science, amour, haine, vertu, vice, et enfin jouissance et harmonie de toute nature.*

Toute sensation n'a de valeur que par lui.

Ainsi, le voyageur, trempé, affamé, et brisé de fatigue, qui entrevoit le lieu de son repos, n'a encore subi aucune sensation agréable, et, cependant, déjà son esprit éprouve une jouissance réelle, en songeant au bien-être qu'il va procurer à son corps, lors de son arrivée; et si, près d'un feu pétillant, d'une table bien servie, il ressent une volupté inexprimable, c'est que l'âme, évoquant un terme de comparaison opposé, lui permet d'apprécier la différence qui existe entre son état présent et sa situation antérieure.

Car, pour son corps, il n'y a que variété de sensations, provenant de la différence qui existe entre le chaud et le froid, le sec et l'humide, un estomac vide et un estomac repu, et sensations qui, privées de l'appréciation, sont absolument nulles.

Tout, dis-je encore, vient de l'esprit d'intelligence et lui appartient.

Un architecte crée un chef-d'œuvre; un peintre produit un tableau merveilleux, et la foule s'extasie avec raison devant ces œuvres admirables.

Mais à qui en revient l'honneur?

N'est-ce point l'esprit qui les a enfantées?

N'est-ce point dans l'esprit qu'elles existent encore réellement? et n'eussent-elles jamais vu le jour, c'est-à-dire, n'eussent-elles point été revêtues d'une forme sensible, qu'elles n'en existeraient pas moins dans l'esprit.

Et cette vérité est telle que, quelle que soit la perfection de leur exécution matérielle, il y aura toujours entre elles et leurs modèles qui sont renfermés dans l'esprit, la différence qui existe entre l'original et le portrait, *entre ce qui est inerte et ce qui a vie et activité.*

Descartes a dit : *Cogito, ergo sum!!!*

M. de Bonald a dit : *L'homme est une intelligence servie par des organes,* et ces deux propositions sont résumées dans cette vérité :

Être. ce n'est pas voir, sentir, se mouvoir et agir;

Être, c'est penser et comprendre.

La forme n'est qu'un accident de l'être et sans l'esprit il n'y a que chaos et néant.

A l'esprit donc soit à jamais Gloire, Honneur, Force, Puissance, Adoration et Amour dans les siècles des siècles.

APPENDICE

___

Questions complémentaires et indispensables

~~~~~~~~~~

I

L'Alpha et l'Oméga.

Au commencement le chaos était roi de l'immensité. Les ténèbres hideuses enveloppaient les abîmes, et l'horreur du néant ne laissait aucun vide.

Cependant, un être mystérieux, incompréhensible et sans nom, vivant de lui-même, par lui-même, et ne se connaissant ni commencement ni fin, remplissait de son essence invisible les gouffres sans fond de l'infini.

Tout à coup, une lumière fulgurante refoula violemment les ténèbres, et, dans l'espace incommensurable créé par leur déchirement, apparut un nombre prodigieux de sphères étincelantes, nageant dans un fluide transparent et lumineux.

Le monde matériel venait d'éclore : la pensée de l'Être mystérieux venait enfin de se manifester.

Sur la plus petite et la plus humble de ces sphères, qui, n'étant point comme ses sœurs ceinte d'un nimbe flamboyant, cachait sa nudité sous un riche manteau d'émeraude, deux êtres nobles, beaux et majestueux, portant autour d'eux des regards étonnés et ravis, cherchaient en vain à pénétrer le mystère de leur origine et de leur nature, quand une voix suave fit entendre ces paroles :

« *Je suis le principe de l'harmonie suprême. c'est par moi que tout se meut, vit et respire. Je vous ai créés à mon image. Aimez-moi donc par-dessus toutes choses. comme étant la source de votre être, et vous vivrez. Si vous oubliez ce devoir juste, saint et sacré, vous mourrez.* »

Transportés de joie, d'amour et de reconnaissance, nos deux premiers parents tombèrent pros-
ternés, et glorifièrent avec ivresse l'être adorable
qui venait de se manifester à eux.

Mais, hélas! la fragilité de leur pauvre nature
détruisit bientôt l'œuvre divine. .   .   .   ,   .   .

L'égoïsme (ce roi de notre monde actuel) se fit
jour sous le voile de l'orgueil, qui avait déjà peu-
plé les abîmes d'êtres déchus, et en un instant un
monde créé avec tant d'amour fut voué à la malédiction et à la mort.

Cependant cette malédiction ne fut point entièrement consommée; car la justice et l'amour en
paralysèrent les effets.

Pour un instant d'oubli, l'ange, cette créature
admirable, cette essence pure, avait été foudroyé
à jamais, en raison de sa pureté même et de sa
perfection.

Mais l'homme, ce composé de boue et de lumière, étant faible à cause de sa complexité, l'in-
dulgence lui fut acquise, et cet amour, qui l'avait
créé, fut le messager de son pardon.

La mort étant la conséquence forcée du péché,
devait avoir son effet; mais la promesse d'un Rédempteur en adoucit l'amertume.

7

La mort, disons-nous, était la conséquence naturelle, rigoureuse et obligée du péché, non parce qu'il plaisait à Dieu d'infliger (ainsi que pourrait le faire un maître) cette peine plutôt qu'une autre, mais bien parce qu'elle découlait du péché même.

En effet, Dieu, en sa qualité d'intelligence infinie, étant le principe suprême de l'harmonie,

L'âme, créée à son image, est également un principe d'harmonie.

Or donc, l'âme vivant de Dieu, possède en soi une source immortell· d'existence; mais pour que le corps auquel elle est unie pût jouir du même privilége, il fallait également qu'il vécût de l'esprit, c'est-à-dire qu'il restât soumis aux lois de l'harmonie dont l'esprit est la base et Dieu la source.

Du jour où il se révolta contre les lois de l'Esprit, l'harmonie fut détruite, et un germe de destruction se glissa en lui; germe qui, étant naturellement transmissible à tous les êtres provenant d'une même source, rendit une multitude innombrable d'individus solidaires de la faute d'un seul.

C'est alors que les lois de l'harmonie appa-
rurent dans toute leur splendeur, et que l'équilibre détruit fut rétabli d'une manière admirable.

*Un seul homme et une seule femme venaient
de perdre l'humanité entière.* . . . .

*Un seul homme et une seule femme furent
appelés à la sauver.* . . . .

Mais quel devait être ce Rédempteur mystérieux? De quel race devait-il sortir? A quelle
essence pouvait-il appartenir, puisque l'homme
faible, borné, imparfait par lui-même, et désor-
mais vicié, ne pouvait à quelque titre que ce fût,
satisfaire à la justice divine, réparer l'injure faite
à la majesté suprême et rétablir l'équilibre que sa
faute avait rompu?

*La réponse à ces questions de la plus haute
importance nous amène naturellement à traiter
en quelques mots des mystères de la Trinité
sainte et de l'Incarnation.*

II

La Trinité et l'Incarnation.

Je crois bien à un être suprême, à une cause première de notre existence et de tout ce qui nous entoure ; mais je ne vois nullement la nécessité que l'on nous impose, avec une persévérance à toute épreuve, d'admettre une trinité dans cette cause, quel que soit le nom qu'on lui donne.

Telle est la réponse quotidienne faite à la proposition de ce mystère adorable, par des hommes instruits et loyaux.

En vérité, Messieurs, le beau mérite de croire à une vérité que l'on ne peut nier, et dont les effets multiples se font sentir à chaque heure et à chaque instant.

Sachez-le, il n'y a point d'athée véritable, il y a des gens qui affectent de l'être afin de se donner un genre, anomalie facile à comprendre : l'orgueil humain ayant épuisé tous les moyens susceptibles de se satisfaire, il lui a fallu se rabattre sur les monstruosités qui, dans notre ère, sont un moyen assuré de relief.

Cependant, si, par hasard, il y avait un seul athée de conviction, j'aurais le droit de me servir à son endroit de l'un des deux qualificatifs suivants : *ignorant* ou *inintelligent,* cet athée fût-il réputé pour le premier homme de son siècle ; car, sachez-le encore, on peut être tout à la fois savant et ignorant, toute ignorance étant relative, et nul n'ayant la prétention ridicule d'embrasser l'universalité des connaissances, de même que l'on peut avoir beaucoup d'esprit et fort peu de jugement, de raison et d'intelligence.

La science est le fruit de l'étude, et comprend un classement plus ou moins étendu d'idées et de principes applicables à des buts différents.

Le génie est un feu sacré qui s'aide de la science, mais n'en dépend pas.

Tout cerveau bien constitué peut donc, aidé de la volonté, acquérir la science, mais non le génie (c'est-à-dire la lumière).

On peut, dis-je, avoir beaucoup d'esprit et peu de lumière ; parce que l'esprit (*comme nous l'avons démontré*) n'est qu'un jeu du Cerveau, une évocation plus ou moins vive et rapide qui donne un éclat superficiel à l'individu, et éblouit les simples, mais qui ne signifie absolument rien quand il n'a pas pour fond l'esprit du cœur, autrement dit un jugement sain et une intelligence au moins égale.

Sans ces qualités, il ressemble entièrement à ces luminaires à 5 centimes que l'on recouvre d'un réflecteur en fer-blanc, afin de centupler par le reflet le peu de puissance de leur rayonnement.

De loin, vous êtes ébloui, de près vous demeurez stupéfié de la pauvreté et de la faiblesse du principe lumineux.

Or, donc, Messieurs, quand on traite devant vous des questions que vous ignorez complétement ou n'avez qu'effleurées, faites taire un instant vos susceptibilités vaniteuses, et dites franchement, loyalement : *J'ignore, et conséquemment m'abstiens,* et non : *Je ne crois pas, ou je ne vois pas la nécessité de...* etc., avant d'avoir même abordé de face la question en litige.

Car, en semblable occurrence, tout individu a le droit aussi de nier telle ou telle science abstraite, qui fait à juste titre la gloire de l'esprit humain ; et cela uniquement parce qu'il n'a pas la moindre notion des principes de cette science, ou encore que son intelligence ne peut s'élever jusqu'à elle.

Toute science exige une étude spéciale; et celle-là plus que toutes les autres, qui se propose de pénétrer les mystères les plus profonds de la nature.

Ceci posé, j'aborde le sujet et je dis :

S'il n'existait point de trinité en Dieu, ni vous ni moi n'existerions, car il n'y eût point eu de création possible; et en voici le motif bien facile à apprécier, sur lequel j'appelle toute votre attention.

. *Toute cause première est active et féconde, et son activité et sa fécondité proviennent uniquement de la triplicité de ses vertus ou propriétés.*

Sans cette triplicité, elle serait négative, c'est-à-dire, comme si elle n'existait pas.

Exemple. Le feu est un principe ayant pour vertus ou propriétés *la chaleur et la lumière,* phénomènes parfaitement distincts et possédant une valeur différente; car la chaleur n'est pas la lumière, et la lumière n'est pas la chaleur.

D'où il suit qu'il y a donc bien dans ce principe une trinité essentielle, savoir :

Le feu ou principe producteur;

La chaleur, expression de son essence, et la lumière, qui en est le corollaire naturel.

En conséquence, je suppose qu'il ne faut pas une grande dose d'intelligence pour comprendre que, si le feu ne produisait ni chaleur, ni lumière, il serait principe négatif, c'est-à-dire sans raison d'être, et comme s'il n'existait pas.

Eh bien, il en est de même pour Dieu, qui est le principe de toutes choses, et la lumière incréée.

Il y a en Dieu le principe qui est, ou Esprit vivant;

Le principe qui crée, ou Esprit de vie;

Le principe qui éclaire, ou Esprit d'intelligence.

Or, si Dieu n'engendrait de soi *son Verbe, ou expression de sa substance (dont notre pensée est l'image),* et qui est l'Esprit de vie, non plus que l'esprit de lumière ou d'intelligence qui procède des deux, il serait principe négatif et comme s'il n'était pas ; puisque, possédant la vie en lui-même et par lui-même, il ne pourrait la communiquer à d'autres êtres (son essence étant naturellement incommunicable).

Mais, dès lors qu'il engendre de soi, deux vertus essentielles, douées chacune de propriétés particulières, et pouvant se détacher et s'éloigner de leur foyer sans le quitter, elles sont donc bien réellement hypostatiques ; ce qui signifie qu'elles constituent bien réellement deux personnalités distinctes, composant ainsi irrécusablement une trinité sans laquelle, je le répète, il n'y eût point eu de création possible.

Or, la seconde Personne appelée Verbe (ou Esprit de vie communicable), parce qu'elle est l'expression de la substance et de l'amour de la première, ayant donc été l'auteur de la création de l'homme, était aussi destinée à sa rédemption, afin que, la miséricorde apaisant la justice, *ce qui avait été créé par l'amour fût sauvé par l'amour.*

Et pour consommer cette œuvre mystérieuse et adorable, il fallait que le Verbe (ou Amour divin) revêtit une chair semblable à la nôtre; parce que cette chair, ayant été souillée et viciée solidairement, devait être purifiée à jamais et revivifiée par les souffrances que l'essence divine (sans cependant les sentir) devait y diviniser sous son voile; et ensuite, parce que Dieu, ne pouvant être vu, ni compris d'un être créé, ne pouvait non plus indiquer aux hommes la voie à suivre pour parvenir à la vie éternelle que par le moyen d'un intermédiaire sacré, comme eux revêtu d'une forme, mais différant d'eux-mêmes par la nature essentielle du principe y renfermé.

C'est alors que, dans ce but, Dieu prépara une terre nouvelle et sans tache, c'est-à-dire une Vierge sainte et pure de toute souillure, destinée à enfanter le nouvel homme à la naissance duquel était attaché le salut du genre humain tout entier.

Et à l'heure fixée par la parole divine, la douce et sainte descendante des rois patriarches, celle dont les seuls traits grossièrement retracés ont inspiré ces vers délicieux :

> L'original de cette image
> Est un chef-d'œuvre si parfait,
> Que le *Tout-Puissant* qui l'a fait
> S'est renfermé dans son ouvrage,

conçut dans son sein béni, l'Enfant divin promis à l'homme depuis sa chute, et qui, victime sacrée, s'offrant elle-même en holocauste à son Père, devait apaiser ainsi le courroux céleste et nous ouvrir les portes de l'Éternité bienheureuse.

Il est inutile de raconter ici sa vie sainte et admirable, sa bonté digne du Verbe de Dieu, et sa mort qui manifesta sa puissance.

Nous nous contenterons de dire : *Malheur !!! Trois fois malheur !!!* à celui qui ne croit point en son nom ; car il est maudit pour l'éternité.

Le Verbe seul a tout créé, par lui seul nous pouvons être sauvés. . . . .

Ainsi qu'il l'a dit lui-même, il est la voie, la vérité et la vie ; celui qui le renie ici-bas est donc condamné d'avance, car c'est du Verbe divin que le Psalmiste a dit :

Exortum est in tenebris lumen rectis.

III

De l'Éternité.

Dieu étant le principe de l'harmonie suprême,
tous les phénomènes qui constituent ici-bas la vie
morale et physique ont l'harmonie pour base et
n'existent que relativement, c'est-à-dire pour l'intelligence qui en est la source et seule peut donc
distinguer entre eux.

Ainsi, qu'est-ce que le bonheur pour l'âme,
sinon l'harmonie de tout ce qui la touche et l'entoure ?

Qu'est-ce que le malheur ou la souffrance, sinon
le trouble de cette même harmonie ?

Qu'appelle-t-on santé ?

L'harmonie du jeu des organes.

Qu'est-ce que la maladie ?

Trouble partiel dans cette même harmonie.

Qu'appelle-t-on mort ?

Un trouble complet dans cette même harmonie,
car les seuls liens qui unissent l'âme au corps

sont naturellement ceux de l'harmonie ; c'est pourquoi, au moment où le germe de destruction caché dans tout être humain, va accomplir son œuvre, il y a une lutte plus ou moins vive et apparente, entre le principe vivifiant et le principe morbifique ; lutte dans laquelle l'âme est toujours vaincue, parce que Dieu seul peut rendre à la chair la vertu qu'elle a perdue, c'est-à-dire l'esprit de vie que le Verbe divin répandra sur elle au dernier jour. Cette lutte se nomme Agonie.

D'où il suit qu'en réalité il n'y a pas plus de mort qu'il n'y a de ténèbres ; mais que l'esprit, qui est vie et lumière, désigne sous le nom de ténèbres l'absence de cette même lumière ; de même que, étant habitué à voir un corps se mouvoir et agir, il appelle mort l'absence du principe qui lui donnait mouvement et action, autrement dit, une vitalité d'emprunt.

Ce qui a vie ne peut plus s'anéantir, car ce qui a vie existe par intelligence ; et l'intelligence possède un aliment et une source éternelle qui est Dieu.

Dieu seul eût donc pu détruire l'âme humaine ; que dis-je, Dieu même, malgré sa puissance, ne le peut pas ; car une cause créatrice ne peut être destructive ; et ce qu'il a créé ayant été produit par une sagesse infinie, possède donc pour base inébranlable l'immutabilité divine.

Par cette loi qui veut que le plus parfait absorbe l'imparfait et se l'approprie, l'homme devait se transformer, c'est-à-dire se spiritualiser par l'action puissante et vivifiante du principe qui l'anime, sans franchir ce portique douloureux que l'on nomme la mort.

Mais l'harmonie qui existait entre lui et son principe constitutif, ayant été détruite, a mis ainsi Dieu dans l'obligation de renouveler la face des choses, afin de les établir à jamais sur une base d'autant plus inébranlable, que la transformation qui sera subie par les êtres sera en rapport avec leurs vertus ou travaux respectifs.

Et cette rénovation ayant eu lieu, Dieu rentrera pour jamais dans le repos de l'Éternité, ce qui signifie que tel on sera, tel on demeurera, et qu'envers et contre tous, comme en dépit des lazzis et autres plaisanteries de mauvais goût (surtout en pareille matière), il y aura, dis-je, une récompense et une punition éternelles (quels que soient leurs qualificatifs particuliers).

L'Être qui aura vécu par l'esprit jouira des

privilèges attachés à l'esprit, qui est lumière, pureté et incorruptibilité, et possèdera ainsi la plénitude de la vie et du bonheur immuable.

Celui qui aura semé dans la chair, récoltera de la chair la corruption et la souffrance sans fin ; et j'ajouterai que le feu ayant joué le rôle le plus actif dans la constitution de nos êtres, comme de notre univers, pourrait bien ne pas être (ainsi que le dit l'Évangile) complétement étranger aux tortures affreuses qui seront la part des maudits.

Aujourd'hui nous sommes tous en un, puisque Dieu est le principe et la fin de toutes choses, et les renferme toutes.

Dans l'éternité bienheureuse, Dieu sera Un dans tous.

Songez-y donc !

TABLE DES MATIÈRES

	Pages.
Avant-Propos.	3
I. Preuves de l'existence de l'âme	5
II. De la vie et des forces qui en dérivent	15
III. Nature de ces deux forces, leur distinction, leurs attributs, leur fin	17
IV. Manifestations de la vie	23
V. L'âme a-t-elle un siége particulier, et quel est-il?	32
VI. Mystères du Cerveau et du Cœur	37
Déductions phrénologiques	40
VII. De la pensée, son origine, son épanouissement, sa fin	40
VIII. Terme de comparaison sensible	61
Rapports du terme de comparaison avec son objet	63
Explication des phénomènes particuliers au Cerveau	64
Conclusion	87
Résumé	91

APPENDICE

QUESTIONS COMPLÉMENTAIRES ET INDISPENSABLES.

I. L'Alpha et l'Oméga	95
II. La Trinité et l'Incarnation	100
III. De l'Eternité	107

ANGERS, IMPRIMERIE LACHÈSE ET DOLBEAU.

www.ingramcontent.com/pod-product-compliance
Lightning Source LLC
Chambersburg PA
CBHW060620100426
42744CB00008B/1444